Un barrilete para el Día de los muertos

Por **Elisa Amado**

Fotografías de **Joya Hairs**

Traducción de Claudia M. Lee

Un Libro Tigrillo Groundwood Books Toronto Vancouver Buffalo

Cuando Juan mira hacia el cielo, los vientos del sur sólo arrastran unas pocas nubes esponjosas sobre el valle. Los días de lluvia terminarán pronto y la milpa estará lista para cosechar.

Ha llegado la hora de los preparativos para el día más importante del año.

En Santiago Sacatepéquez, el
pueblo donde vive Juan con
sus papás y sus hermanos José
y Beto, el Día de los muertos,
es también el día de los
barriletes.

Año tras año el abuelo solía armar su barrilete con la ayuda de los patojos, pero esto año todo será diferente. El abuelo murió justo antes de que comenzaran las lluvias, justo antes de que la milpa asomara sus hojas sobre las laderas del cerro. Juan tendrá que recordar todas las enseñanzas del abuelo y con la ayuda de José y sus amigos Tomás y Rafa, armará el barrilete este año. Beto está muy pequeño todavía, pero si ayuda como lo hacían ellos, aprenderá a armarlos también.

Los patojos de Santiago y hasta
los adultos esperan impacientes
a que cambie el tiempo y se
suben a los techos de las casas
para medir si el viento será
suficiente para elevar sus
enormes barriletes.

Las hojas doradas de la milpa brillan con el sol y el maíz está listo para cosechar. Una mañana, Juan se despierta y nota que algunos sembrados ya han sido cosechados y están limpios de rastrojo. El aire comienza a enfriarse y José le cuenta que al salir al patio de atrás para lavarse la cara en la pila ha hecho nubes con su aliento.

Cuando tienen tiempo para ir al mercado, regresan cargados de papel de china de todos los colores, rojo, azul, amarillo, verde y naranja, los colores del arco iris.

Hay que cortar un pequeño círculo de cartón para el centro, y el papel de china se corta en cuadrados, triángulos y rectángulos que se van pegando uno a uno a su alrededor, hasta formar un gran círculo. Los colores resplandecen suavemente dentro de la casa oscura.

Está es la mejor época de todas porque cada quien inventa un barrilete distinto. Algunos los adornan con grandes dibujos, otros con figuras simples.

Los barriletes se rasgarán un poco cuando están en el aire, pero aun así se ven hermosos.

A Beto le gusto jugar con los barriletes pequeñitos. Es más fácil.

Todos en el pueblo están ocupados. Patojas, patojos, grandes y chicos trabajan para el gran día y se visitan unos a otros para saber como van los preparativos. — ¿Qué tan grande será el barrilete de la familia de Rosa? ¿No han comenzado en la casa de Juanita? ¡No estarán listos a tiempo!

La madre de Juan prepara tortillas de maíz fresco, recién cosechado y mientras él trabaja en su barrilete, puede escucharla torteando. Cuando ella coloca las tortillas delicadamente sobre el comal caliente, toda la casa se llena de un olor delicioso. Suele moler el maíz el día anterior, y con un poco de agua y cal lo amasa sobre el metate de piedra y luego deja la masa en reposo durante la noche. Beto se come cuantas tortillas le den. Una vecina lo ayuda.

Cuando Juan sale a caminar puede ver, que como sucede a menudo, el volcán de Fuego ha estado eruptando. Hoy el humo no se eleva en dirección vertical al cielo; está norteando. Los vientos del norte han comenzado a soplar y el cielo del fondo se ha tornado azul intenso, como preparándose para el Día de los muertos.

Todo está listo. El barrilete
está doblado sobre el suelo y
los palos de caña brava para
armar el marco están apilados
afuera, esperando a que llegue
la hora.

Antes del Día de los muertos, se celebra el Día de todos santos. La familia de
Juan va a misa y en la iglesia encuentran congregado a casi todo el pueblo, pero
mientras el humo que sale de las velas y del incienso de copal arden frente al altar,
Juan y José se han quedado en casa con sus amigos y se preparan para mañana.

Extienden el círculo de papel sobre el piso y con cuidado acomodan los palos
sobre su superficie. Miden a ojo y los colocan precisamente, no muy cerca para
que no quede demasiado pesado, ni muy separados para que el papel no se rompa.

Mientras trabajan piensan en el abuelo y las cosas que aprendieron en su compañía. Recuerdan sus manos grandes cortando y pegando figuras de papel y atando palo a palo con fuerza para armar el mejor barrilete del mundo.

Atan con pita cada palo al del lado casi a la punta con fuerza para darle consistencia al marco, y luego doblan los extremos del papel sobre la pita y los pegan. Por último, atan tres cuerdas a las cañas y amarran sus puntas al lazo de elevar.

Falta hacer el fleco que se agitará para avisar cuando el viento sea suficiente para elevar el barrilete. No saben si colocarle banderas, como hacen los demás. Finalmente se las colocan.

Al amanecer, cuando apenas se asoma la luz del sol detrás del cerro, Juan corre al patio buscando al viento. El rocío ha congelado la grama y hace frío. Corre de nuevo adentro para arreglarse y cuando llega la hora de partir todavía no hay viento. ¿Dónde estará?

Todos en la aldea se levantan al alba. Desde muy temprano caminan por entre las calles con sus barriletes gigantes rozando las paredes de adobe de las casas y paso a paso siguen su desfile hacia el cementerio.

Algunos de los muertos están enterrados en tumbas que parecen casas pequeñas. Unas son blancas, otras verdes y otras azules. El Día de los muertos, la gente de Santiago se sienta en el cementerio con sus muertos y los acompaña un rato; rezan por ellos y les cuentan todo lo que ha sucedido en el pueblo durante el año.

Juan le susurra a su abuelo, "Hoy elevaré el barrilete que hice para ti, espero que te guste y sobretodo, espero que vuele bien alto."

Juan se estremece un poco, mira al cielo y un soplo de viento frío le hace cosquillas en su cuello. A medida que se eleva el sol, el viento se siente más fuerte. Los pinos comienzan a agitarse y se escucha el crac crac de los flecos de los barriletes que tiemblan suavemente.

Ha llegado el momento. Tomás, Rafa y José se acercan y levantan el enorme barrilete.

Juan sostiene la pesada bola de lazo entre sus dedos. ¿Funcionará? ¿Volará? Todos están listos y los barriletes quieren dejarse arrastrar del viento.

Juan acomoda el lazo en sus manos y sale a correr cerro abajo. El lazo presiona sus dedos y siente el barrilete tirando. "Abuelo," ruega, "has que mi barrilete suba. Lo elevaré por ti."

Pronto siente un tirón en la otra punta del lazo y cuando se da vuelta, ve como José ha soltado el barrilete y como éste comienza a elevarse rápidamente hacia el cielo.

Asegura con fuerza sus pies a la tierra para que el barrilete no lo eleve con él; le suelta más lazo y el barrilete sube y sube. El cielo se cubre de colores mientras los barriletes de Santiago se elevan por encima del cementerio.

Juan siente el viento en su pelo y el vuelo del barrilete en sus manos. El abuelo estará allá arriba también volando, subiendo y bajando y dando vueltas, mirando hacia abajo, a su pueblo, y mirando a Juan y José sus nietos y a Beto también, que elevan su hermoso barrilete hecho por ellos mismos.

Santiago Sacatepéquez es un pueblo de Guatemala; es pequeño pero muy famoso porque para el Día de los muertos, sus habitantes arman y elevan los barriletes más grandes y coloridos del mundo. Estos barriletes pueden llegar a tener hasta siete metros (veintitrés piés) de diámetro.

Los Quiché Mayas fueron una de las más grandes civilizaciones que se conocen y son los ancestros de la aldea de Santiago. Eran grandes artistas que pintaban murales y libros llenos de color y esta sensibilidad artística ha permanecido con sus descendientes que aún viven en Guatemala y México y que son conocidos por sus hermosas artesanías y sus tejidos de inigualables diseños y colores. Los hermosos barriletes de Santiago son una muestra más del brillante legado artístico de los Quiché Mayas.

El barrilete tiene diferentes nombres en Latinoamérica. En Argentina y Guatemala se le llama barrilete; en Bolivia y Chile volantín, en Brasil y Paraguay se le dice pandorga, en Colombia, Cuba, Ecuador, Panamá, Perú y Uruguay se le dice cometa, en El Salvador y Nicaragua piscucha, en Honduras papelote, en México papalote (viene del Náhuatl que quiere decir mariposa), en Puerto Rico chiringa, en República Dominicana chichigua y en Venezuela papagayo. En España se le llama cometa.

Groundwood Books / Douglas & McIntyre
585 Bloor Street West
Toronto, Ontario M6G 1K5

Distribuído en los Estados Unidos de América por
Publishers Group West
1700 Fourth Street
Berkeley, CA 94710

Canadian Cataloguing in Publication Data
Amado, Elisa
[Barrilete. Spanish]
Un barrilete para el Día de los muertos
Groundwood books.
Un libro Tigrillo
Translation of: Barrilete : kite for the Day of the Dead.
ISBN 0-88899-367-6 (bound) ISBN 0-88899-381-1 (pbk.)
I. Hairs, Joya. II. Lee, Claudia, 1959- . III. Title. IV. Title:
Barrilete. Spanish.
PS8551.M33B3718 1999   jC813'.54   C99-932007-6
PZ73.A4936Ba 1999

Deseño de Michael Solomon
Impreso y encuadernado en China
Printed and bound in China
by Everbest Printing Co. Ltd.